Heinrich Seuse

Das Büchlein der Wahrheit

FSC
www.fsc.org
MIX
Papier aus ver-
antwortungsvollen
Quellen
Paper from
responsible sources
FSC® C105338

Heinrich Seuse

· ◆ · ◆ ·

Das
Büchlein der Wahrheit

· ◆ · ◆ ·

*Aus dem
Mittelhochdeutschen
übertragen
von
Walter Lehmann*

Schätze der christlichen Literatur

Band 41

IMPRESSUM.
© 2025 Conrad Eibisch (Hrsg. u. Bearb.)
Verlag: BoD · Books on Demand GmbH, Überseering 33,
22297 Hamburg, bod@bod.de
Druck: Libri Plureos GmbH, Friedensallee 273,
22763 Hamburg
ISBN: 978-3-8192-0876-8

Eingang.

AUS dem Mystischen trinken wir unsere Kraft. Und auch diesen versteckten und geheimen Weg zu Gott findet unsere Zeit aufs neue wieder. Sie schart sich um die verschütteten Brunnen und ist emsig bemüht, sie wieder auszugraben und wer dann aus den hellsprudelnden trinkt, trinkt sich neue Kraft. Gott bewahrt, wenn es nötig ist, seine kräftigende Arznei in verschlossenen Gefäßen auf, bis die Zeit erfüllet ist. Diese gegen alle Kirchen, Satzungen, Religionsformen indifferente Mystik, die alle Hüllen abstreift, um mit Gott eins zu werden - sie ist die Quelle, die uns bis auf den heutigen Tag mit Kraft erfüllt, mit der Kraft, die wir nötig haben, das zu erfüllen, was gebieterisch vor unseren Tagen steht: die ethische Forderung. Uns steigt leise und wundervoll, wie eine aufgehende Morgenröte, die Erkenntnis von dem Sinn und Zweck aller Religion auf: Da saßen all die stillen, weltabgeschiedenen Geister der katholischen Kirche, und kannten keine andere Aufgabe, als in der Verborgenheit der Zelle das Feuer der Liebe zu Gott, wie es in ihren Herzen brannte, zu schüren, keine andere Aufgabe, als ihre Seele bis an den Rand mit Gott anzufüllen, als, indem sie ihren Körper geißeln, martern und in schmerzliche Bande legen, ihre Seele jauchzend in die Nacktheit Gottes zu schleudern. Und diese Empfängnis

Gottes zeitigt die Frucht langsam und sicher in ihrem
Schoße: es wird in den Gesichten, Visionen, Erlebnissen
dieser Mönche und Heiligen die Menschheitsseele mit
dem Göttlichen befruchtet, damit sie gebären kann, was
die Welt in unseren oder in künftigen Tagen von uns
erwartet...

Als eine solche Kraftquelle, die unsere Zeit befruchtet,
als ein solches Gefäß, in dem Gott seine Zauberkräfte für
künftige Zeiten aufbewahrt, freilich verbrämt mit der
ganzen seltsamen Gewandung seiner Tage, tritt in den
folgenden Blättern der stille Dichter und Gottessucher
Heinrich Seuse vor uns hin. Von den vier Wegen, die zu
Gott führen, hat er am eifrigsten und liebsten den letzten, den mystischen beschritten. Aber auch die anderen
sind ihm nicht fremd. Hart gequält hat er sich auf dem
ethischen Wege, gestolpert und nicht weit gekommen
ist er auf dem Wege der Erkenntnis, freundlich und
lieblich gelächelt hat ihm der Weg der Kunst.

Wer sucht wie er, wird auf dem einen oder dem
anderen Wege von ihm Geleit annehmen und wird seine
Seele grüßen, dankbar für empfangene Bitterkeiten oder
Wonnen...

———

Das Büchlein der Wahrheit.

Von innerlicher Gelassenheit und von guter Unterscheidung, die in der Vernunft begründet ist.

Vorrede.

Ecce enim veritatem dilexisti; incerta et occulta sapientiae tuae manifestasti mihi.[1]

ES war ein Mensch in Christo, der hatte sich in seinen jungen Tagen nach dem äußeren Menschen in all den Stücken geübt, in denen sich anfangende Menschen zu üben pflegen; es blieb aber der innere Mensch in seiner eigenen höchsten Gelassenheit ungeübt, und er empfand wohl, daß es ihm noch an etwas gebrach, er wußte aber nicht, woran. Und da er das lange Zeit und viele Jahre getrieben, da ward ihm einstmals eine Einkehr zuteil, in der er zu sich selbst getrieben ward, und es wurde folgendermaßen in ihm gesprochen: „Du sollst wissen, daß innerliche Gelassenheit den Menschen zu der höchsten Wahrheit bringt.“

---

[1] Psalm 50, 8: Siehe doch, du liebst die Wahrheit, das Unbekannte und Verborgene deiner Weisheit hast du mir kund gemacht.

Nun war ihm dies edle Wort damals noch fremd und unbekannt, und doch hatte er eine große Liebe dazu, und so ward er darauf und auf Gleiches gar heftig hingetrieben, ob er nicht vor seinem Tode noch dazu kommen könnte, es rein zu erkennen und bis auf den Grund zu erreichen. Dabei kam es auch dazu, daß er gewarnt ward und ihm vorgehalten wurde, unter dem Schein dieses Bildes läge ein falscher Grund ungeordneter Freiheit verborgen und großer Schade für die heilige Christenheit läge bedeckt darunter. Und hierüber erschrak er und gewann für etliche Zeit eine Abneigung gegen den inneren Ruf in sich selbst.[2]

Und einstmals ward ihm eine kräftige Entrückung seiner selbst zuteil und es leuchtete ihm von der göttlichen Wahrheit her ein, er solle sich hiervon nicht abdrängen lassen; denn das sei immer so gewesen und müsse immer so sein, daß sich das Böse hinter das Gute berge, und darum dürfe man das Gute nicht des Bösen wegen verwerfen. Und die Stimme meinte, im alten Bunde, da Gott durch Moses seine wahren Zeichen tat, da warfen die Zauberer ihre falschen darunter; und als Christus, der wahre Messias kam, da kamen etliche andere und zeigten sich fälschlicherweise, als wären sie es.

---

[2] Gemeint ist die Lehre der Begharden und Brüder des freien Geistes. S. Preger I, S. 467 ff.

Und also ist es überall in allen Dingen, und darum ist das Gute nicht mit dem Bösen zu verwerfen, sondern mit guter Unterscheidung auszuwählen, wie der göttliche Mund tut. Und also meinte die Stimme, daß gute vernünftige Bilder, die ihre klare Vernünftigkeit dem Urteil der heiligen Christenheit unterwürfen, nicht zu verwerfen seien, noch daß vernünftige Gedanken, die gute Wahrheit eines vollkommenen Lebens in sich trügen, zu scheuen seien; denn sie befreiten den Menschen von seiner groben Sinnlichkeit und zeigten ihm seinen Adel und des göttlichen Wesens Vortrefflichkeit und aller Dinge Nichtigkeit, was den Menschen besonders vor allen Dingen zu rechter Gelassenheit reizt. Und also kam er wieder auf das vorige Treiben, dazu er ermahnt war, zurück: eine wahre Gelassenheit.

Nun begehrte er von der Ewigen Wahrheit, sie möge ihm, sofern es möglich sei, guten Unterschied geben zwischen den Menschen, die da auf ordentliche Einfältigkeit zielen, und etlichen, die da, wie man sagt, auf ungeordnete Freiheit zielen, und möge ihn darin unterweisen, welches eine rechte Gelassenheit sei, mit der er dahin käme, wohin er solle. Darauf ward ihm in lichtreicher Weise geantwortet, daß dies alles nach der Weise eines ausgeführten Gleichnisses geschehen solle, als ob der Jünger frage und die Wahrheit antworte. Und zum ersten ward er hingewiesen zu dem Kern der Heiligen

Schrift, aus der die ewige Wahrheit redet, er solle da suchen und schauen, was die Allergelehrtesten und im inneren Leben Erfahrensten, denen Gott seine verborgene Weisheit aufgetan hat (wie eingangs in dem lateinischen Spruche steht), davon gesprochen hätten, oder was die heilige Christenheit davon hielte, damit er auf sicherer Wahrheit bliebe. Und hieraus leuchtete ihm also ein:

———

1. Kapitel.

Wie ein gelassener Mensch beginnt und endigt in Einheit.

ALLEN Menschen, die wieder (in den Ursprung) eingeführt werden sollen, ist ihrer und aller Dinge erster Beginn förderlich zu wissen, denn in demselben ist auch ihr letztes Landen. Und darum soll man wissen, daß alle die, die je von der Wahrheit sprachen, darin übereinkommen, es gäbe etwas, das ganz und gar das Erste ist und das Einfältigste und vor dem nichts ist. Nun hat Dionysius dieses unergründliche Sein in seiner Bloßheit angesehen und er und auch andere Lehrer sagen, daß das Einfältige, von dem gesprochen ist, mit allen Namen allzumal ungenannt bleibt; denn wie in der Wissenschaft der Logik steht, soll der Name die Natur und den Begriff des genannten Dinges aussprechen. Nun ist aber offenbar, daß des vorgenannten einfältigen Seins Natur endlos und unermeßlich und für alle kreatürliche Vernunft unbegreiflich ist. Darum ist allen wohlgelehrten Gottesgelehrten bekannt, daß das weiselose Sein auch namenlos ist. Und darum sagt Dionysius in dem Buch von den göttlichen Namen[3], Gott sei Nichtsein

---

[3] De div. Nom. I, 5; De myst. Theol. V.

oder ein Nicht, und das ist zu verstehen nach all dem Wesen und Sein, das wir ihm nach kreatürlicher Weise zulegen mögen; denn was man ihm davon in solcher Weise zulegt, das ist alles in irgendeiner Weise falsch, und seine Leugnung ist wahr. Und danach könnte man ihn ein ewiges Nicht nennen; dennoch aber, wenn man von einem Dinge reden soll, wie übertrefflich oder überwichtig es ist, so muß man ihm irgendwie einen Namen schaffen.

Dieser stillen Einfältigkeit Wesen ist ihr Leben und ihr Leben und ist ihr Wesen.[4] Es ist eine lebendige, wesenhafte, seiende Vernünftigkeit, die sich selber versteht und selber in sich selber ist und lebt und dasselbe ist.

Nun kann ich es nicht weiter herausbringen, und dies nenne ich die ewige ungeschaffene Wahrheit, denn alle Dinge sind da wie in ihrer Neuheit und ihrem Ursprung und in ihrem ewigen Beginn. Und hier beginnt und endet ein gelassener Mensch in ordentlicher Versenkung, wie hiernach weiter gezeigt wird.

———————

---

[4] „Wesen" und „Sein" ist in sich identisch.

2. Kapitel.

Ob in der höchsten Einheit keine Anderheit bestehen kann.

DER Jünger fragte und sprach: Mich nimmt wunder, da dies Eine doch so gar einfältig ist, woher denn die Mannigfaltigkeit kommt, die man ihm zulegt. Einer kleidet ihn mit Weisheit und nennt ihn die Weisheit, einer mit Güte, einer mit Gerechtigkeit und dergleichen; so sprechen die Gottesgelehrten aus dem Glauben heraus von der göttlichen Dreifaltigkeit. Warum läßt man es nicht bleiben in seiner Einfältigkeit, die es selber ist? Mich dünkt immer, daß dies einige Ein zuviel Werkes habe und zuviel Anderheit; oder wie kann es so ein gar bloßes Eins sein, wo soviel Mannigfaltigkeit ist?

Die Wahrheit antwortete und sprach: All diese Mannigfaltigkeit ist in dem Grunde und in dem Boden (der Gottheit) eine einfältige Einheit.

Der Jünger sprach: Was nennst du den Grund und den Ursprung, oder was nicht den Grund?

Antwort der Wahrheit: Ich nenne den Grund den Quell und den Ursprung, aus dem die Ausflüsse entspringen.

Der Jünger: Herr, was ist das?

Die Wahrheit: Das ist die Natur und das Wesen der Gottheit, und in diesem unergründlichen Abgrund sinkt die Dreiheit der Personen in ihre Einheit, und alle Mannigfaltigkeit wird da in gewisser Weise ihrer selbst entsetzt. Da ist auch, in dieser Weise gefaßt, nichts von fremdem Werk: nur eine stille einschwebende Dunkelheit.

Der Jünger sprach: Ei, lieber Herr, sag mir, was ist denn das, das ihm selbst den ersten Anstoß zu wirken gibt, und allermeist zu seinem eigenen Werke, dem Gebären?

Die Wahrheit sprach: Das tut seine vermögende Kraft.

Der Jünger sprach: Herr, was ist das?

Die Wahrheit: Das ist göttliche Natur in dem Vater; und da in demselben Augenblick ist es schwanger zur Fruchtbarkeit und zum Werke, denn allda hat sich, nach unserer Vernunft genommen, Gottheit zu Gott geschwungen.

Der Jünger: Lieber Herr, ist dies nicht Eins!

Die Wahrheit sprach: Ja, Gottheit und Gott ist eins, und doch: Gottheit wirkt und gebiert nicht, aber Gott gebiert und wirkt. Und das kommt allein von der Zweiheit, die da in der Bezeichnung ist, nach der Vernunft genommen. Aber es ist Eins in dem Grunde; denn in der göttlichen Natur ist nichts anderes als Wesen und die sich zurückbeziehenden Eigenschaften, und diese legen durchaus nichts zu dem Wesen, sie sind allesamt das Wesen selbst, wenn sie sich auch unterscheiden von dem, auf den sie sich beziehen, das heißt von ihrem Gegenstand. Denn göttliche Natur, nach demselben Grunde gefaßt, ist um nichts einfältiger an sich selbst als der Vater in derselben Natur genommen oder irgendeine andere Person. Du bist allein in der Einbildung betrogen, die es nach der Weise anblickt, als es in der Kreatur eingetragen ist. Es ist an sich selbst einig und bloß.

Der Jünger sprach: Ich merke wohl, daß ich auf den tiefsten Grund der höchsten Einfältigkeit gekommen bin, über den niemand weiter kommen kann, der der Wahrheit folgen will.

---

3. Kapitel.

Wie sich der Mensch und alle Kreaturen ewiglich gehalten haben und von ihrem gewordenen Ausfluß.

DER Jünger: Ewige Wahrheit, wie haben sich aber die Kreaturen ewiglich in Gott gehalten?

Antwort: Sie sind dagewesen als in ihrem ewigen Exemplar.

Der Jünger: Was ist das Exemplar?

Die Wahrheit: Es ist sein ewiges Wesen, und zwar so gefaßt, wie es sich in mitteilbarer Weise der Kreatur zu erreichen gibt. Und merke: daß alle Kreaturen ewiglich in Gott Gott sind und da keinen wesentlichen Unterschied gehabt haben als nur wie gesagt worden ist. Sie sind dasselbe Leben, Wesen und Vermögen, sofern sie in Gott sind, und sind dasselbe Ein und nicht weniger. Aber nach dem Ausfluß, da sie ihr eigenes Wesen nehmen, da hat ein jegliches sein besonderes Wesen, in seiner eigenen Form ausgeschieden, die ihm natürliches Wesen gibt; denn Form gibt Wesen, gesondert und geschieden von dem göttlichen Wesen sowohl wie von allen anderen, wie z. B. die natürliche Form des Steines ihm gibt, daß er sein eigenes Wesen hat. Und das ist nicht Gottes Wesen, denn der Stein ist nicht Gott und

Gott ist nicht der Stein, obgleich er und alle Kreaturen von ihm sind, was sie sind. Und in diesem Ausfluß haben alle Kreaturen ihren Gott gewonnen, denn wenn Kreatur sich als Kreatur empfindet, so bekennt sie ihren Schöpfer und ihren Gott.

Der Jünger: Lieber Herr, ist das Wesen der Kreatur edler nach dem, wie es in Gott ist, oder nach dem, wie es in sich selbst ist?

Die Wahrheit: Das Wesen der Kreatur in Gott ist nicht Kreatur, aber die Kreatürlichkeit einer jeglichen Kreatur ist ihr edler und nützlicher als das Wesen, das sie in Gott hat. Denn was hat der Stein oder der Mensch oder irgendeine Kreatur in ihrem kreatürlichen Wesen dadurch mehr, daß sie ewiglich in Gott Gott gewesen sind? Gott hat die Dinge wohl und recht geordnet, denn ein jegliches Ding hat ein Zurückschauen nach seinem ersten Ursprung in unterwürfiger Weise.

Der Jünger: Ach Herr, woher kommen denn Sünde und Bosheit oder Hölle oder Fegefeuer oder Teufel und dergleichen?

Antwort: Da die vernünftige Kreatur ein entsinkendes Sich-zurück-Beziehen auf das Eine haben sollte, sie dagegen nach außen gekehrt bleibt und verkehrterweise auf die Seinsheit blickt - daher kommt Teufel und alle Bosheit.

4. Kapitel.

Von der wahren Einkehr, die ein gelassener Mensch durch den eingeborenen Sohn nehmen soll.

DER Jünger: Von dem Ausbruch der Kreaturen, wie er bei ihrem Werden stattfand, habe ich die Wahrheit wohl verstanden. Ich hörte nun gern von dem Durchbruch, wie der Mensch durch Christus wieder (in seinem Ursprung) zurückkommen und seine Seligkeit erlangen soll.

Die Wahrheit: Es ist zu wissen, daß Christus, Gottes Sohn, etwas gemeinsam hatte mit allen Menschen und etwas Besonderes vor anderen Menschen. Das, was ihm gemeinsam ist mit allen Menschen, das ist menschliche Natur, daß er auch ein wahrer Mensch war. Er nahm an sich menschliche Natur und nicht Person; und das ist in der Weise zu fassen, daß Christus menschliche Natur und zwar in der Reinheit der Materie an sich nahm, was der Lehrer Damascenus[5] „in athomo" nennt, und so entspricht der angenommenen gemeinsamen menschlichen Natur das reine Blütlein in der gesegneten Maria Leibe, davon er das leibliche Organum nahm.[6]

---

[5] Joh. Damascenus, De fide orthodoxa III, 11.
[6] cf. Thomas, S. Th. 13 qu. 31. a. 5.

Und darum hat menschliche Natur an sich selbst kein derartiges Recht - denn Christus hat ja sie angenommen und nicht Person -, daß jeder Mensch darum in derselben Weise Gott und Mensch sein sollte und könnte. Er ist es allein, dem die unerreichbare Würde zugehört, daß er die Natur in der Lauterkeit an sich nahm und ihm nichts, weder von der Erbsünde noch von einer anderen Sünde nachgefolgt ist; und darum war er der einzige, der das verschuldete menschliche Geschlecht erlösen konnte.

Das Zweite: Aller anderen Menschen verdienstliche Werke, die sie in rechter Gelassenheit ihrer selbst tun, weisen eigentlich den Menschen zu der Seligkeit, die da ein Lohn der Tugend ist. Und die Seligkeit besteht im vollen göttlichen Genuß, da alles Hindernde und alle Anderheit abgelegt ist. Aber die Einigung der Einfleischung Christi ist, da sie in einem persönlichen Wesen besteht[7], höher und übertrifft die Einigung des Gemütes der Seligen mit Gott. Denn vom ersten Beginn, da er als Mensch empfangen ward, war er in Wahrheit Gottes Sohn, also daß er keine andere Subsistenz hatte, als die von Gottes Sohn. Alle anderen Menschen aber haben ihre natürliche Subsistenz in ihrem natürlichen Wesen, und wie völlig sie auch je sich selber entgehen oder wie

---

[7] Incarnatio.

lauter sie sich auch je in der Wahrheit lassen, so geschieht doch das nicht, daß sie je in die Subsistenz der göttlichen Person übersetzt werden und die ihre verlieren.

Das Dritte: Dieser Mensch Christus hatte das auch vor allen Menschen voraus, daß er ein Haupt der Christenheit ist, in gleicher Weise wie des Menschen Haupt seinem Leibe gegenüber, wie da geschrieben steht, daß er alle die, die er vorhergesehen hat, vorherbereitet hat, daß sie mitförmig mit dem Bilde des Sohnes Gottes würden, damit er der Erstgeborene sei unter vielen anderen. Und darum, wer einen rechten Wiedereingang haben[8] und Sohn in Christus werden will, der kehre sich in rechter Gelassenheit von sich selbst zu ihm, so kommt er dahin, wohin er soll.

Der Jünger: Herr, was ist rechte Gelassenheit?

Die Wahrheit: Nimm mit besonderer Unterscheidung diese zwei Worte wahr, die da heißen: Sich lassen. Und kannst du diese zwei Worte genau wägen und gründlich bis auf ihren letzten Sinn prüfen und mit rechter Unterscheidung ansehen, so kannst du schnell in der Wahrheit unterwiesen werden.

Nun nimm zuerst das erste Wort vor, das da heißt: „Sich" oder „mich", und schau, was das sei. Und hier ist

---

[8] Röm. 8. 29.

zu wissen, daß jeder Mensch fünferlei „Sich" hat. Das eine „Sich" ist ihm gemeinsam mit dem Steine, und das ist: sein; ein anderes mit dem Kraute, und das ist wachsen; das dritte mit den Tieren, und das ist empfinden; das vierte mit allen Menschen, das ist, daß er eine gemein menschliche Natur an sich hat, in der alle gleich sind; das fünfte, das ihm besonders zugehört, das ist sein persönlicher Mensch, sowohl nach Adel als auch nach Zufall.[9]

Was ist nun das, das den Menschen irreführt und ihn der Seligkeit beraubt? Das ist allein das letzte „Sich", da der Mensch die Auskehr von Gott auf sich selbst nimmt - wohin er doch im Gegenteil wieder kehren sollte -, und sich selbst nach dem Zufall ein eigenes „Sich" stiftet, d. i., daß er aus Blindheit sich selbst aneignet, was Gottes ist, und darauf abzielt und mit der Zeit in Sünden verfließt.

Wer aber dieses „Sich" ordentlich lassen wollte, der sollte drei Einblicke tun: den ersten in der Weise, daß er sich mit einem entsinkenden Einblick auf die Nichtigkeit seines eigenen „Sichs" wendete, schauend, daß das Sich und aller Dinge Sich ein Nichts ist, ausgelassen und ausgeschlossen von dem Etwas, das die einige wirkende

---

[9] Unter Adel und Zufall ist nach Denifle Geist und Leib zu verstehen; eher vielleicht: angeborenes Wesen und äußere Beeinflussung.

Kraft ist. Der andere Einblick ist, daß ja nicht übersehen werde, daß in diesem weiteren Gelassensein dennoch das eigene Sich allerwegen in seiner eigenen wirksamen Seinsheit nach dem Ausfluß bleibt, und da nicht zumal vernichtet wird. Der dritte Einblick geschieht mit einem Entwerden und freien Aufgeben seiner selbst in alledem, darin er sich je in eigener wohlbeachteter Kreatürlichkeit, in unfreier Mannigfaltigkeit wider die göttliche Wahrheit, in Freud und in Leide, in Tun und in Lassen, aufführte, also, daß er mit reichem Vermögen, ohne sich beirren zu lassen, sich selber entgehe, und sich selbst unwiedernehmlich entwerde und mit Christus in Einigkeit eins werde, so daß er aus ihm heraus in Rückbeziehung allezeit wirke, alle Dinge empfange, und in dieser Einfältigkeit alle Dinge ansehe. Und dieses gelassene „Sich" wird ein christförmiges Ich, von dem die Schrift sagt von Paulus, der da spricht: „Ich lebe, nicht mehr ich, Christus lebt in mir." Und das nenne ich ein vollwichtiges „Sich."

Nun nehmen wir das andere Wort vor, das da heißt: Lassen. Damit ist gemeint: Aufgeben oder verachten, doch nicht so, daß man es so lassen mag, daß es ganz zunichte werde, sondern nur in der Verachtung, und dann ist es gar recht.

Der Jünger: Gelobt sei die Wahrheit! Lieber Herr, sag mir, bleibt einem seligen gelassenen Menschen noch irgend etwas?

Die Wahrheit: Es geschieht ohne Zweifel, wenn der gute und getreue Knecht eingeführt wird in die Freude seines Herrn, so wird er trunken von dem unermeßlichen Überfluß des göttlichen Hauses; denn ihm geschieht in unaussprechlicher Weise wie einem trunkenen Menschen, der sich selbst vergißt, daß er seiner selbst nicht mächtig ist, daß er sich selbst zumal entworden ist und zumal in Gott vergangen ist und ein Geist mit ihm geworden ist, ganz in der Weise, wie wenn ein kleines Tröpflein Wasser in viel Wein gegossen wird. Denn wie dieses sich selber entwird, wenn es den Geschmack und die Farbe des Weines an sich und in sich zieht, also geschieht denen, die in vollem Besitz der Seligkeit sind, daß ihnen in unaussprechlicher Weise alle menschliche Begierde entweicht, und sie sich selber entsinken und zumal in den göttlichen Willen versinken. Sonst könnte die Schrift nicht wahr sein, die da sagt, daß Gott solle werden alle Dinge in allen Dingen[10], wenn vom Menschen im Menschen etwas bliebe, das nicht zumal aus ihm gegossen würde. Da bleibt wohl sein Sein, aber in einer anderen Form, in einer anderen Glorie und in

---

[10] 1. Kor. 15, 28.

einem anderen Vermögen. Und das kommt alles von der unergründlichen Gelassenheit ihrer selbst.

Und dann spricht S. Bernhard in bezug auf den vorigen Gedanken: Ob aber ein Mensch in diesem Leben so gelassen sei, daß er das vollkommen begriffen habe, die Seinsheit nimmer anzusehen weder in Lust noch in Leid, sondern allzumal sich selbst um Gottes willen zu lieben und im Sinne zu haben nach dem allervollkommensten Begreifen, das kann ich - spricht er - nicht verstehen, ob es der Fall ist. Die mögen vortreten, die dem gelebt haben, denn nach meinem Verstehen dünkt es mich nicht möglich.

Aus dieser ganzen Rede kannst du eine Antwort auf deine Frage entnehmen, denn eine rechte Gelassenheit eines solchen edlen Menschen in der Zeit ist nachgebildet und gestaltet nach der Gelassenheit der Seligen, von denen die Schrift spricht, und zwar mehr oder weniger, je nachdem die Menschen mehr oder minder geeinigt oder eins geworden sind. Und merke besonders, er sagt, daß sie da der Ihrsheit entsetzt und übersetzt werden in eine andere Form und in eine andere Glorie und in eine andere Gewalt. Was ist nun die andere fremde Form anders als dasselbe zu sein wie die göttliche Natur und das göttliche Wesen, in das sie und das sich in sie verfließt? Was ist denn eine andere Glorie, als verklärt und verherrlicht zu werden in dem seienden Lichte, das keinen Zugang hat?[11] Was ist denn ein anderes Vermögen, als daß von der Selbstheit und derselben Einigkeit dem Menschen eine göttliche Kraft und göttliches Vermögen gegeben wird, alles zu tun und zu lassen, was zu seiner Seligkeit gehört? Und also wird der Mensch entmenscht, wie gesagt ist.

Der Jünger: Herr, ist dies möglich in der Zeit?

Die Wahrheit: Die Seligkeit, von der gesprochen ist, kann auf zweierlei Weise erreicht werden. Eine Weise geschieht nach dem allervollkommensten Grade, die über alle Möglichkeit ist, und das kann in dieser Zeit nicht geschehen; denn zu des Menschen Natur gehört der Leib, dessen mannigfaltiges Gedränge dem widerspricht. Aber die Seligkeit zu nehmen nach anteilhabender Gemeinsamkeit - also ist es möglich, und dünkt doch manchen Menschen unmöglich. Und das ist nicht unbillig, denn hierher kann weder Sinn noch Vernunft gelangen. Wohl spricht eine Schrift[12] davon, daß man eine Gruppe Menschen findet, ausgesonderte und lebenserfahrene Menschen, die seien so ganz geläuterten und gottförmigen Gemütes, daß die Tugenden in ihnen in göttlicher Gleichheit stünden; denn sie sind entbildet und überbildet in des ersten Exemplars Einigkeit, und

---

[11] 1. Tim. 6, 16.

[12] Gemeint ist vielleicht Thomas, S. Th. I, 2 qu. 61 a. 5.

kommen in ein volles Vergessen vergänglichen und zeitlichen Lebens, und sind verwandelt in göttliches Bild und sind eins mit ihm. Aber es steht dabei, daß dies allein denen zugehört, die diese Seligkeit in ihrem höchsten Grade besessen haben, oder aber etlichen Menschen, wenigen und den allerfrömmsten, die noch mit dem Leibe in der Zeit gehen.

———

5. Kapitel.

Von den hohen und nützlichen Fragen, die ihm die Wahrheit von dem Vorbild eines gelassenen Menschen zuteil werden ließ.

DANACH überkam den Jünger eine Begierde, wenn in irgendwelchen Landen ein solcher edler gelassener Mensch wäre, der durch Christus wahrhaftig eingenommen sei, daß ihm der von Gott bekannt werden möchte und er zu traulicher Unterredung mit ihm käme. Und da er in dieser ernstlichen Begierde war, da versank er in sich selbst und in der Entrücktheit seiner Sinne deuchte ihm, er werde in ein übersinnliches Land geführt. Und da sah er zwischen Himmel und Erde ein Bild schweben, als ob es eines Menschen Bild wäre, bei einem Kreuze in gütiger Gestalt, und zweierlei Menschen gingen darum und kamen nicht hinzu; und die einen sahen das Bild nur von innen und nicht von außen, die anderen von außen und nicht von innen an, und beide standen dem Bilde mit Sträuben und Härtigkeit gegenüber. Und so deuchte ihm, daß sich das Bild herabließe als ein wirklicher Mensch, und saß zu ihm hin und meinte, er solle fragen, was er zu fragen hätte, es würde ihm beantwortet.

Er hub an und sprach mit innerlichem Seufzen seines Herzens: „Ach, Ewige Wahrheit, was ist dies oder was bedeutet dieses wunderliche Gesicht?" Da ward ihm geantwortet und also sprach das Wort in ihm:

Dieses Bild, das du gesehen hast, bedeutet den eingeborenen Sohn Gottes in der Weise, wie er menschliche Natur an sich genommen hat. Und daß du nur ein Bild sahest und dasselbe doch unzählig mannigfaltig war, das bedeutet all die Menschen, die seine Glieder sind, die auch Söhne oder Sohn geworden sind durch ihn und in ihm, wie die Zahl vieler leiblicher Glieder an einem Leibe. Daß aber das Haupt alles übertreffend erschien, das bedeutete, daß er der erste und eingeborene Sohn ist nach der alles übertreffenden Aufnahme in die Selbstheit der göttlichen Person, während die anderen nur in die Einnahme überformhafter Einigkeit desselben Bildes gelangen. Das Kreuz bedeutet, daß ein wahrer gelassener Mensch nach dem äußeren und inneren Menschen alle Zeit so stehen soll, daß er sich selbst aufgibt und ergibt in alles das, was Gott von ihm gelitten haben will, woher es auch komme, und daß er auch geneigt sei, das alles in absterbender Weise zu empfangen, dem himmlischen Vater zum Lobe. Und solche Menschen stehen adlig von innen und sorgsam von außen. Daß die Gestalt bei dem Kreuze so gütig war, das bezeichnet: wieviel Leiden sie auch haben - sie verachten es infolge der Gelassenheit ihrer selbst. Wohin sich das Haupt wandte, dahin wandte sich auch der Leib, das bedeutet die Einmütigkeit der getreuen Nachfolge seines reinen spiegelklaren Lebens und seiner guten Lehre, zu der sie sich kraftvoll kehren und sich dem gleich halten.

Die eine Art von Menschen, die ihn von innen ansahen und nicht von außen, bezeichnet die Menschen, die Christi Leben nur in der Vernunft in beschaulicher Weise ansehen und nicht in nachwirkender Weise, darin sie ihre eigene Natur in nachfolgender Übung desselben Bildes durchbrechen sollten. Sie ziehen es alles nach diesem Anblick zu der Natur Wollust und lediger Freiheit, sich selbst zur Hilfe, und jeder dünkt sie grob und unverständig, der ihnen darin nicht zustimmt.

Etliche sahen es auch allein nach der äußeren Weise an und nicht nach dem Innern, und die erschienen hart und streng; und infolgedessen üben sie sich streng und leben behutsam und tragen den Leuten einen ehrbaren heiligen Wandel vor - sie übersehen aber Christus von innen. Denn sein Leben war sanft und milde, aber diese Menschen pflegen andere Leute viel zu züchtigen und zu verurteilen, und alles das dünkt sie unrecht, das nicht ihre Weise führt. Diese Menschen verhalten sich dem ungleich, den sie doch im Sinne haben, und das merkt man daran: wer sie aufsucht, wird finden, daß sie nicht in einem Lassen ihrer selbst stehen noch in einem

Entsinken ihrer Natur noch in einem Verlust der Dinge, die da den Willen beschirmen, wie z. B. gern und ungern und dergleichen. Hiermit nämlich wird der Wille behütet und beschirmt, so daß der Mensch nicht zu göttlichen Tugenden kommt als: Gehorsam, Nachgiebigkeit, Verträglichkeit und dergleichen; denn solche Tugenden tragen den Menschen in das Bild Christi.

Der Jünger fing an noch mehr zu fragen und sprach also: Sag mir, wie nennt man die Weise, in der ein Mensch zu seiner Seligkeit kommt?

Antwort: Man kann es eine schöpferische Weise nennen, wie da geschrieben steht in S. Johanns Evangelio[13], daß er allen denen Macht und Vermögen gegeben hat, Gottes Sohn zu werden, die von nichts anderem denn von Gott geboren sind. Und das geschieht in gleicher Weise wie das, was man nach gewöhnlicher erklärender Weise Gebärung nennt. Was nun das andere in solcher Weise gebiert, das bildet es nach sich und in sich und gibt ihm Gleichheit seines Wesens und seines Wirkens. Und darum, einem gelassenen Menschen, in dem Gott allein Vater ist und in dem sich nichts Zeitliches nach irdischer Anhänglichkeit gebiert, dem werden die Augen aufgetan, so daß er sich darin verssteht und daher sein

---

[13] Joh. 1, 12 f.

seliges Wesen und Leben nimmt und eins ist mit ihm,
denn alle Dinge sind dort Eins in Einem.

Der Jünger sprach: Ich sehe doch, daß Berg und Tal
ist und Wasser und Luft und mancherlei Kreaturen -
wie sagst du denn, daß nur Eins ist?

Das lautere Wort antwortete und sprach also: Ich sage
dir noch mehr: Es sei denn, daß der Mensch zwei Contraria, d. i. zwei sich widersprechende Dinge, in Einem
miteinander versteht - fürwahr, ohne allen Zweifel, so ist
nicht gut leicht mit ihm von solchen Dingen zu reden;
denn wenn er dies versteht, so ist er erst halb auf den
Weg des Lebens getreten, das ich meine.

Eine Frage: Welches sind die Contraria?

Antwort: Ein ewiges Nicht und seine, des Menschen,
zeitliche Gewordenheit.[14]

Ein Einwurf: Zwei Contraria in Einem widersprechen
in jeder Weise allen Wissenschaften.

Antwort: Ich und du treffen einander nicht auf einem
Zweige oder auf einem Platze; du gehst einen Weg und
ich einen anderen. Deine Fragen kommen aus menschlichen Sinnen, und ich antworte aus den Sinnen, die da
über aller Menschen Ziel gehen. Du mußt sinnelos werden, willst du hinzukommen, denn mit Nichterkennen
wird die Wahrheit erkannt.

---

[14] Gott und das Geschöpf.

Es ging in denselben Zeiten eine sehr große Änderung in ihm vor. Er kam bisweilen dazu, daß er manchmal zehn Wochen hindurch, oder weniger oder mehr, so kräftig entwirkt ward, daß ihm mit offenen Sinnen - in der Leute Beisein oder ohne die Leute - seine Sinne nach eigener wirkender Weise also vergingen, daß ihm überall in allen Dingen nur Eins antwortete und alle Dinge in Einem erschienen ohne alle Mannigfaltigkeit bei diesem und jenem.

Das Wort hub an und sprach in ihm: Wie da, wie ist es nun gefahren, habe ich recht gesagt?

Er sprach: Ja, was ich vorher nicht glauben konnte, das ist mir nun ein Wissen geworden; aber mich wundert, warum es wieder vergeht.

Das Wort sprach: Da ist es vielleicht noch nicht auf seinen bleibenden Grund gesunken.

Der Jünger fing abermals an und fragte also: Wo landet eines gelassenen Menschen Verständnis?

Antwort: Der Mensch kann in der Zeit dahin kommen, daß er sich Eins fühlt mit dem, der da das Nicht-Sein all der Dinge ist, die man in Gedanken oder Worte fassen kann; und dieses Nicht-Sein nennt man nach allgemeiner Übereinstimmung Gott, und es ist an sich selbst ein allerwirklichstes Sein. Und hier erkennt sich der Mensch als Eins mit diesem Nichtsein, und dieses Nicht-Sein erkennt sich selbst in einem reinen übersinnlichen Schauen. Aber hier ist noch etwas verborgen, ich weiß nicht, wie tief noch.

Eine Frage: Sagt die Schrift nichts von dem, das du das Nicht genannt hast, nicht von seinem Nicht-Sein, sondern von seiner alles übertreffenden Unbegreiflichkeit?

Antwort: Dionysius schreibt von Einem, das ist namenlos, und das mag wohl das Nicht sein, das ich meine; denn wenn man es Gottheit oder Wesen nennt, oder welche Namen man ihm auch gibt, die sind ihm nicht eigen in der Weise, wie sich die Namen in der Kreatur bilden.

Eine Frage: Was ist aber jenes noch tiefer Verborgene des erwähnten Nichtes, das da in seiner Bedeutung nach deiner Meinung alles gewordene Sein ausschließt? Es ist doch lautere Einfältigkeit; wie kann denn das Allereinfältigste noch etwas haben, das tiefer hinein oder höher hinaus geht?

Antwort: Solange der Mensch unter Einigung oder Ähnlichem noch etwas versteht, das man mit Worten beweisen kann, solange hat der Mensch noch tiefer hinein zu gehen; das Nicht aber kann nicht tiefer in sich selbst gehen, sondern nur wir in unserem Verständnis, d. h. wenn wir ohne alles Licht der Formen und der Bilder, die da sein können, verstehen werden, was doch kein Verständnis mittels Formen und Bildern erlangen kann.

Und hiervon kann man nicht reden, denn ich denke, das hieße reden von einem Dinge, das man mit Worten beweisen kann; was man nun hiervon auch redet, so wird doch mitnichten bewiesen, was das Nicht ist, und wenn es noch so viele Lehrer und Bücher gäbe. Daß aber dieses Nicht selbst die Vernunft oder das Sein oder Genießen ist, das ist auch wohl wahr nach dem, was man nur davon reden kann; es ist aber nach seiner eigenen Wahrheit so fern davon oder ferner, als wenn man eine feine Perle eine Hackbank nennte.

Eine Frage: Was heißt: Wenn das schöpferische Licht, das man Gott nennt, in sich selbst kommt, so weiß der Mensch zwischen sich und ihm keinen Unterschied?

Antwort: Dieses Nicht ist unseretwegen nicht in sich selbst, solange es solche Dinge in uns wirkt; wenn es aber unseretwegen in sich selbst kommt, so wissen wir und auch es selbst unseretwegen von diesen Dingen nichts.

Eine Frage: Darüber unterweise mich noch besser!

Antwort: Verstehst du nicht, daß die kraftvolle entwerdende Entrückung in das Nicht von Grund aus allen Unterschied ausmerzt, nicht nach dem Sein, sondern, wie gesagt, unseretwegen gefaßt?

Eine Frage: Mich bewegt noch ein Wort, das vorhin gesagt worden ist: daß der Mensch in der Zeit dazu gelangen kann, sich eins zu fühlen mit dem, das je gewesen ist. Wie kann das sein?

Antwort: Es spricht ein Meister, Ewigkeit sei ein Leben, das überzeitlich ist und alle Zeit in sich beschließt, ohne Vorher und Nachher.[15] Und wer in das ewige Licht eingenommen wird, der besitzt alles in allem und hat da kein Vorher noch Nachher. Ja der Mensch, der heute hineingenommen würde, der sei nicht kürzer dagewesen - nach dem Begriff der Ewigkeit gesprochen - als einer, der vor tausend Jahren eingenommen ward.

Ein Einwurf: Auf dieses „Einnehmen" wartet doch der Mensch allein nach seinem Tode, wie die Schrift sagt.

Antwort: Das ist wahr: in dauerndem und vollkommenem Besitz, aber nicht in einem Vorversuchen, mehr oder weniger.

Eine Frage: Wie steht es aber um das Mitwirken des Menschen mit Gott!

Antwort: Was davon gesprochen ist, ist nicht zu verstehen nach bloßer Übereinstimmung, wie die Worte nach gewöhnlicher Rede übereinstimmen, sondern es ist zu fassen nach dem Vergehen, wenn der Mensch nicht sich selber geblieben ist, sondern in das Eine vergangen und Eins geworden ist; da wirkt der Mensch nicht als Mensch. Und aus diesem Grunde ist zu verstehen, wie

---

[15] Boethius, De consol. Philos. V, 6.

ein solcher Mensch alle Kreaturen in Einigkeit in sich hat und alle Wollust dazu, ja ohne leibliche und geistige Werke sogar die Wollust, die man in leiblichen Werken hat, denn er ist selbst in der eben erwähnten Einigkeit.

Und hier merke einen Unterschied. Die alten Meister der Natur gingen den natürlichen Dingen allein in der Weise nach, als sie in ihren natürlichen Ursachen sind und also sprechen sie auch davon, und also nahmen sie sie wahr und nicht anders. Auch die frommen christlichen Meister und gemeiniglich die Lehrer und heiligen Leute nehmen die Dinge, wie sie von Gott ausgeflossen sind und den Menschen nach seinem natürlichen Tode wieder hineinbringen, eingeschlossen das, daß sie hier nach seinem Willen leben. Aber diese eingenommenen Menschen nehmen aus überschwenglicher innebleibender Einigkeit sich und alle Dinge als je und ewiglich.

Eine Frage: Ist keine Anderheit da?

Antwort: Ja, wer es nur recht hat, der weiß es und erkennt sich als Kreatur, aber nicht als gebresthafte, sondern als vereinte; solange er aber nicht war, war er dasselbe unvereint.

Eine Frage: Was heißt das: da er nicht war, da war er dasselbe?

Antwort: Es ist, was S. Johannes in seinem Evangelio sagt: „Was geworden oder geschaffen ist, das war in ihm das Leben."[16]

Eine Frage: Wie kann dies nun in Wahrheit bestehen, da es doch klingt, als ob die Seele zwei Sein habe, geschaffenes und ungeschaffenes? Wie kann das sein, wie kann der Mensch Kreatur sein und nicht Kreatur?

Antwort: Der Mensch kann nicht Kreatur und Gott sein nach unserer Rede, sondern Gott ist dreifaltig und Eins; also kann der Mensch in gewisser Weise, wenn er in Gott vergeht, Eins sein in dem Verlieren und nach äußerlicher Weise schauend und genießend sein und dergleichen. Und davon gebe ich ein Gleichnis: Das Auge verliert sich im Augenblick des Sehens, denn es wird bei dem Akt des Sehens eins mit seinem Gegenstand, und doch bleibt jedes, was es ist.

Eine Frage: Wer je die Schrift erkannte, der weiß, daß die Seele in dem Nicht entweder überformt werden oder aber nach dem Wesen zunichte werden muß; und das ist hier nicht so.

Antwort: Die Seele bleibt immer Kreatur; wenn sie aber in dem Nicht verloren ist, dann wird durchaus nicht mehr daran gedacht, wie sie Kreatur oder das Nicht sei, oder ob sie Kreatur sei oder nicht, oder ob sie vereint sei

---

[16] Joh. 1, 3 f.

oder nicht. Aber solange man noch Vernunft hat, nimmt man es wohl wahr, und dies bleibt dem Menschen noch zu sagen.

Eine Frage: Hat ein solcher Mensch trotzdem das Beste?

Antwort: Ja, in der Weise, daß ihm das, was er hat, nicht benommen, und ein anderes, ein Besseres, gegeben wird. Er versteht dasselbe mehr und lauterer und es bleibt ihm. Aber er kam mit dem allen, davon gesprochen ist, infolge des Rückfalls noch nicht dahin. Soll er dahin kommen, so muß er in dem Grunde sein, der in dem erwähnten Nicht verborgen liegt. Da weiß man nichts von nichts, da ist nichts, da ist auch kein Da; was man auch davon redet, man verhöhnt es nur. Aber noch ist ein solcher Mensch dessen nicht teilhaftig, da ihm dies alles bleibt nach dem, was vorhin gesagt ist.

Eine Frage: Darin unterweise mich besser!

Antwort: Die Lehrer sagen, der Seele Seligkeit läge zuvörderst daran: wenn sie Gott rein schaut, so nimmt sie all ihr Sein und Leben und schöpft alles, das sie ist - sofern sie selig ist - von dem Grunde dieses Nichtes, und weiß - in dieser Hinsicht gesprochen - nichts von Wissen, nichts von Liebe, überhaupt von nichts allzumal. Sie wird ganz und allein in dem Nicht still und weiß von keinem Sein, als das Gott oder das Licht ist. Sowie sie aber weiß und erkennt, daß sie das Nicht weiß, schaut und erkennt, so ist das ein Ausschlag und Rückschlag aus diesem Höchsten auf sich selbst nach natürlicher Ordnung. Und da diese Hingenommenheit aus derselben Ader gedrungen ist, so kannst du hiernach verstehen, wie es sich im tiefsten Innern verhalten muß.

Eine Frage: Ich verstünde es gern noch besser aus der Wahrheit der Schrift.

Antwort: Die Lehrer sagen: Wenn man die Kreatur in sich selber erkennt, das heißt und ist eine Abend-Erkenntnis, denn so sieht man die Kreaturen in etlichen unterschiedlichen Bildern; erkennt man aber die Kreaturen in Gott, das heißt und ist eine Morgen-Erkenntnis, und so schaut man die Kreaturen ohne jeden Unterschied, von allen Bildern entbildet und von aller Ähnlichkeit entähnlicht, in dem Einen, daß Gott selbst in sich selbst ist.

Eine Frage: Kann der Mensch dieses Nicht in der Zeit verstehen?

Antwort: Nach der Weise (menschlichen) Geistes verstehe ich nicht, daß es sein kann, aber nach der Weise der Gottesvereinigung fühlt er sich vereint mit dem, darin sich dieses Licht genießt und schöpferisch ist. Dies geschieht wohl, solange der Leib noch auf der Erde ist – nach gewöhnlicher Redeweise –, der Mensch aber ist über der Zeit.

Eine Frage: Geschieht die Vereinigung der Seele mit dem Wesen der Seele oder mit ihren Kräften?

Antwort: Das Wesen der Seele wird vereint mit dem Wesen des Nichtes, und die Kräfte der Seele mit den Werken des Lichtes, die das Licht in sich selber hat.

Eine Frage: Entfallen dem Menschen auch seine Sünden, oder kann er danach auch noch Sünden erzeigen, wenn er sich dann noch als Kreatur erkennt, nicht in sündhafter Weise, sondern in gottvereinter Weise?

Antwort: Sofern der Mensch sich selber bleibt, sofern kann er Sünde üben, wie S. Johannes sagt: „Bilden wir uns ein, wir haben keine Sünde, so betrügen wir uns selbst und es ist keine Wahrheit in uns."[17] Aber sofern der Mensch nicht sich selbst bleibt, insofern wirkt er keine Sünden, wie auch S. Johannes in seiner Epistel[18] sagt, daß der Mensch, der aus Gott geboren ist, keine Sünde tut, noch Gebresten übt, denn der göttliche Same bleibt in ihm. Und darum wirkt der Mensch, dem hier recht geschieht, keine Werke mehr als nur Ein Werk; denn es ist Eine Geburt und Ein Grund, nach der Gottvereinigung nämlich.

---

[17] 1. Joh. 1, 8.
[18] 1. Joh. 3, 9.

Ein Einwurf: Wie kann das angehen, daß der Mensch nicht mehr als Ein Werk wirke? Hatte doch Christus ein zwiefältig Werk.

Antwort: Ich erachte, daß der Mensch nicht mehr als Ein Werk wirkt, da er gar kein Auge hat für irgendein Werk, außer wenn die ewige Geburt es wirkt. Gebäre Gott seinen Sohn nicht ohne Unterlaß, hätte Christus nie natürliche Werke gewirkt. Daher halte ich es nur für Ein Werk, man wolle es denn nach menschlichem Verständnis nehmen.

Ein Einwurf: Nun sagen doch die heidnischen Meister, daß kein Ding seiner eigenen Wirkung entsetzt werde.

Antwort: Der Mensch wird auch nicht seiner eigenen Wirkung entsetzt, sondern sie bleibt nur ohne Betracht nach dieser Weise.

Eine Frage: Die kreatürlichen Werke, die dem Menschen noch zu wirken bleiben, wirkt er die selbst oder wer?

Antwort: Soll der Mensch zum Höchsten kommen, so muß er der Wiedergeburt, die in ihm ist, tot sein, und dieselbe Wiedergeburt muß aufs neue in ihm erstanden sein. Wie das geschieht, das merke. Alles, was in uns kommt, woher es auch ist, ist uns nichts nütze, wenn es nicht in uns zum zweiten Male geboren wird. Die Wiedergeburt ist so fremd und hat so wenig mehr mit dem Leibe nach ihrer Erstehung zu tun, daß die Natur in dem Menschen wie in einem vernünftigen Tiere solche Werke wirkt, die zu des Menschen Leben gehören, und der Mensch hat dann gewissermaßen nicht mehr zu tun, in wirkender Weise nämlich, als er vor seiner Wiedergeburt hatte, sondern in besitzender Weise wirkt er diese Werke. Nimm ein Gleichnis dafür in dem Branntweine: Der hat nicht weniger Stoff zu kräftigem und stillem Auswirken als der Wein, der in seiner ersten Geburt geblieben ist.

Eine Frage: Gib einen Unterschied an zwischen der ewigen Geburt und der Wiedergeburt, die in dem Menschen stattfindet!

Antwort: Die ewige Geburt nenne ich jene einige Kraft, durch die alle Dinge und aller Dinge Ursachen das haben, daß sie sind und daß sie Ursachen sind. Aber die Wiedergeburt, die dem Menschen allein zugehört, nenne ich ein Rücklenken jeglichen Dinges, das sich ergibt, wieder in den Ursprung, nach der Weise des Ursprungs, ohne alle eigene Betrachtung gefaßt.

Ein Einwurf: Was wirken denn die wesentlichen, natürlichen Ursachen, von denen die Meister der Natur schreiben?

Antwort: Sie wirken in natürlicher Weise alles, was die ewige Geburt im Menschen bei ihrem Gebären wirkt, aber im Grunde des Nichtes ist hiervon nichts zu sagen.

Eine Frage: Wenn die Seele in der Hingenommenheit nach ihrer Erkenntnis und all ihrem kreatürlichen Verhalten vergeht, was ist das, das dann nach Ausrichtung der äußeren Dinge hervorschaut?

Antwort: Alle Kräfte der Seele sind zu schwach, als daß sie in der Weise, wie vorhin gesagt ist, in dieses Nicht gelangen können; dennoch aber wirken die Kräfte, wenn man sich in diesem Nicht also verloren hat, das, was ihr Ursprung ist.

Eine Frage: Wie ist das Verlieren, in dem sich der Mensch in Gott verliert, gestaltet?

Antwort: Hast du mir genau zugehört, so ist es dir oben gar eigentlich gezeigt; denn wenn der Mensch sich selber also entnommen wird, daß er weder von sich noch von irgend etwas weiß und ganz still ist in dem Grunde des ewigen Nichtes, so ist er wohl sich selbst verloren.

Eine Frage: Ob der Wille in dem Nicht vergeht?

Antwort: Ja, nach seinem Wollen; denn wie frei der Wille auch ist, so ist er doch dann erst frei geworden, wenn er nicht mehr zu wollen bedarf.

Ein Einwurf: Wie kann dem Menschen sein Wille vergehen? Christus blieb doch sein Wille nach wollender Weise.

Antwort: Dem Menschen vergeht sein Wille nach jenem Wollen, daß er aus seiner Eigenart heraus bald dies, bald das wirken will; dort aber hat er mit solchem sündhaften Wollen nichts mehr zu tun, wie oben gesagt ist; sondern sein Wille ist frei geworden, so daß er nur noch Ein Werk wirket, nämlich das, das er selbst nach gottvereinter Weise ist und zeitlos wirkt. Nimmt man es aber nach unserer Redeweise, so will er nichts Übles wirken und will alle guten Dinge; eigentlich jedoch ist all sein Leben und Wollen und Wirken eine stille unberührte Freiheit, die sicher ohne allen Zweifel sein Schutz ist; und dann hält er sich in schöpferischer Weise.

Ein Einwurf: Der Ausfluß des Willens ist nicht schöpferischer Art.

Antwort: Dieser Wille ist mit dem göttlichen Willen vereint und will nur das, was er selber ist, soviel das Wollen in Gott ist. Und was vorhin gesagt ist, ist nicht als eine Hineinversetzung seiner selbst in Gott zu verstehen, wie es gewöhnlich heißt, sondern es ist zu fassen als Entsetzung seiner selbst, denn der Mensch wird so gänzlich vereint, daß Gott sein Grund ist.

Eine Frage: Bleibt dem Menschen sein persönlich unterschiedenes Sein in dem Grunde des Nichtes!

Antwort: Dies ist allessamt nur nach menschlicher Fassung zu verstehen, in der nach dem einschwebenden

Einblick in der Weise seiner Entwordenheit dies und das ohne Betracht bleibt, nicht aber in jener Wesentlichkeit, in der jegliches bleibt, was es ist, wie S. Augustin sagt: Laß fallen in Verachtung dies und das Gute, so bleibt die lautere Güte in sich schwebend in ihrer reinen Weise - und das ist Gott.[19]

Eine Frage: Der Mensch, der sich in genießender Weise auf das Nicht versteht, von dem gesprochen ist, - bleibt das dem Menschen allerwege?

Antwort: Nein, nicht in genießender Weise, sondern es bleibt nur in einer dauernden, unverlorenen Weise.

Eine Frage: Verwirrt aber das Äußere das Innere nicht?

Antwort: Wären wir dem Leibe noch außer der Zeit, so gäbe es weniger Hinderung wie in gewisser Weise durch Hunger, Mühsal und auch anderes; aber die außergeistige Schauung verwirrt das Innere nicht, da sie in Freiheit ist. Auch geschieht es zuweilen: je näher die Natur gedrängt wird, desto reichlicher steht dann die göttliche Wahrheit.

Eine Frage: Woher kommt Schwermütigkeit?

Antwort: Kommt dergleichen nur von natürlichen Ursachen, und der Mensch ist inwendig frei, so achte nicht darauf, es zergeht mit dem Leibe. Wäre aber das

---

[19] De trinit. VIII, 3. u. 4.

Innere von Grund aus damit vermischt, das wäre ihm nicht recht.

Ein Einwurf: Die Schrift des alten Bundes und des neuen aus dem Evangelium erhellt, daß man in der Zeit nicht zu dem kommen kann, was gesagt ist.

Antwort: Das ist wahr, was den Besitz desselben und volle Erkenntnis anbetrifft; denn was man hier versucht, das ist dort alles vollkommener, wiewohl es dasselbe ist; und über Verständnis mag es sein auf Erden.

Eine Frage: Ein Mensch, der sein ewiges Nicht zu verstehen beginnt, nicht infolge überragender (göttlicher) Kraft, sondern nur vom Hörensagen, oder ohne das, von eingetragenen Bildern, was ist dem zu tun?

Antwort: Der Mensch, der noch nicht soviel versteht, daß er übernatürlich weiß, was das erwähnte Nicht ist, darin alle Dinge nach ihrer eigenen Eigenart vernichtet werden, der lasse alle Dinge sein, wie sie sind, was ihm auch vorkommt, und halte sich an die allgemeine Lehre der heiligen Christenheit, wie man ja viele gute einfältige Menschen sieht, die in löblicher Heiligkeit landen, und die doch hierzu nicht berufen sind. Je näher freilich, desto besser. Ist ihm aber der sichere Punkt zuteil geworden, so halte er sich daran, und er ist auf dem rechten Wege. Denn der Punkt hält sich mit der Heiligen Schrift. Im übrigen muß man, dünkt mich, sehr sorglich handeln; denn wer sich hierin versäumt, der vergeht sich

entweder in Unfreiheit, oder aber er gerät oft in ungeordnete Freiheit.

---

6. Kapitel.

Auf welchen Punkten es den Menschen gebricht, die falsche Freiheit üben.

AN einem lichten Sonntage saß er einstmals einge-sponnen und versonnen, und in der Stille seines Gemütes begegnete ihm ein übersinnliches Bild, das war subtil in seinen Worten, aber ungeübt in seinen Werken und es war ausfallend in aufgeblasenem Reichtum. Er hob an und sprach zu ihm: Woher bist du?

Es sprach: Ich kam nie irgendwoher.

Er sprach: Sag mir, was bist du?

Es sprach: Ich bin nicht.

Er sprach: Was willst du?

Es antwortete und sprach:

Ich will nicht.

Er sprach wieder: Dies ist ein Wunder; sag mir, wie heißest du?

Es sprach: Ich heiße das namlos Wilde.

Der Jünger sprach: Du kannst wohl das Wilde heißen, denn deine Worte und Antworten sind gar wild. Nun sag mir eins, um das ich dich frage: Wo landet deine Einsicht?

Es sprach: In lediger Freiheit.

Der Jünger sprach: Sag mir, was nennst du eine ledige Freiheit?

Es sprach: Wo der Mensch nach all seinem Mutwillen lebt, ohne Unterschied (zwischen Gott und sich) zu machen, ohne allen Hinblick nach rückwärts und vorwärts.[20]

Der Jünger sprach: Du bist nicht auf dem rechten Wege der Wahrheit, denn solche Freiheit verweist den Menschen von aller Seligkeit und entfreit ihn seiner wahren Freiheit; denn wem an Unterscheidung gebricht, dem gebricht an Ordnung, und was ohne rechte Ordnung ist, das ist böse und Sünde, wie Christus sagt: „Wer Sünde tut, der ist ein Knecht der Sünde."[21] Aber wer mit einem lauteren Gewissen und behutsamen Leben mit rechter Gelassenheit seiner selbst in Christum eingeht, der kommt zu der rechten Freiheit, wie er selbst sagt: „Löset euch der Sohn, so werdet ihr in Wahrheit frei."[22]

Das Wilde sprach: Was nennst du geordnet oder nicht geordnet?

---

[20] Gemeint ist die (libertinistische) Lehre der Brüder des freien Geistes.

[21] Joh.8, 34.

[22] Joh. 8, 36.

Der Jünger sprach: Ich nenne geordnet, wenn alles das, das der Sache von innen oder von außen zugehört, beim Auswirken nicht unbeachtet unterbleibt, und so nenne ich ungeordnet, wenn unter dem Genannten etwas unterbleibt.

Das Wilde sprach: Eine ledige Freiheit soll dem allen untergehen und es alles verachten.

Der Jünger sprach: Diese Sorglosigkeit wäre wider alle Wahrheit und ist der falschen ledigen Freiheit gleich, denn sie ist wider die Ordnung, die das ewige Nicht in seiner Schöpfung allen Dingen gegeben hat.

Das Wilde sprach: Der Mensch, der in seinem ewigen Licht zunichte geworden ist, weiß nichts von Unterschied.

Der Jünger: Das ewige Nicht, das hier und in aller rechten Vernunft gemeint ist, nämlich daß es ein Nicht sei nicht von seinem Nichtsein, sondern von seinem alles übertreffenden Sein, dieses Nicht hat in sich selber allermindestens schon Unterschied, und von ihm, sofern es fruchtbar ist, kommt aller ordentliche Unterschied der Dinge. Der Mensch wird nimmer in diesem Nicht so gänzlich vernichtet, seinen Sinnen bleibt dennoch Unterschied ihres eigenen Ursprungs und der Vernunft ebenso ihr eigenes Auswählen, wiewohl das alles in seinem ersten Grunde unbeachtet bleibt.

Das Wilde: Faßt man es denn durchaus nirgends anderswo als in demselben und aus demselben Grunde?

Der Jünger: Nein, dann faßte man es nicht recht, denn es ist nicht allein in dem Grunde, es ist auch in sich selbst ein kreatürliches Etwas außer diesem Grunde und bleibt, was es ist, und danach muß man es auch fassen. Ginge ihm sein Unterschied nach der Wesentlichkeit wie nach der Fassung ab, so könntest du recht haben; aber das ist nicht der Fall, wie vorhin gesagt ist. Deswegen soll man allerwegen guten Unterschied hierin nehmen.

Das Wilde sprach: Ich habe vernommen, daß ein hoher Meister gewesen sei, der allen Unterschied geleugnet habe.[23]

Der Jünger sprach: Du meinst, er leugne allen Unterschied - fassest du das in der Gottheit, das könnte man verstehen, nämlich daß er jede der Personen in dem Grunde meinte, darin sie unterschieden sind; nicht aber leugnet er ihren Unterschied von dem, gegen den sie sich gegensätzlich verhalten; denn da ist sicherlich persönliche Verschiedenheit festzuhalten.

Nimmst du es nun auch von eines entrückten Menschen Entwordenheit - davon ist oben genug gesagt, wie es nach der Fassung und nicht nach der Wesentlichkeit

---

[23] Meister Eckhart.

zu verstehen ist. Und merke hier, daß Scheidung und
Unterscheidung etwas anderes sind, wie bekannt ist, daß
Leib und Seele keine Scheidung haben, denn eins ist in
dem anderen, und kein Glied kann leben, das ausgeschieden ist. Aber unterschieden ist die Seele von dem
Leibe, denn die Seele ist nicht der Leib noch der Leib
die Seele. Ebenso verstehe ich, daß in der Wahrheit
nichts ist, das von dem einfältigen Wesen Scheidung
haben könnte, da es allen Wesen Wesen gibt, wohl aber
Unterscheidung, in der Weise, daß das göttliche Wesen
nicht des Steines Wesen, noch des Steines Wesen das
göttliche Wesen ist, noch irgendeine Kreatur das der
anderen. Und also meinen die Lehrer, daß von dieser
Unterscheidung eigentlich nicht in Gott zu reden sei[24],
sondern sie ist von Gott. Und er sagt (in seinem Kom-
mentar) über das Buch der Weisheit: Wie es nichts
Innigeres als Gott gibt, so gibt es auch nichts Unter-
schiedeneres. Und darum ist die Ansicht falsch und diese
Meinung richtig.

Das Wilde sprach: Derselbe Meister hat viel Schönes
von einem christförmigen Menschen gesagt.

Der Jünger sprach: Der Meister sagt an einer Stelle:
Christus ist der eingeborene Sohn und wir nicht, er ist
der natürliche Sohn, denn seine Geburt hat ihr Ziel in

---

[24] Meister Eckhart.

der Natur, wir aber sind nicht der natürliche Sohn, und unsere Schöpfung heißt eine Wiedergeburt, denn sie hat ihr Ziel in Einförmigkeit mit seiner Natur; er ist ein Bild des Vaters, wir sind nach dem Bilde der heiligen Dreifaltigkeit gebildet. Und er sagt, daß ihm hierin niemand gleichgeschätzt werden kann.

Das Wilde sprach: Ich habe vernommen, er sage, ein solcher Mensch wirke alles, was Christus wirkte.

Der Jünger antwortet: Derselbe Meister sagt an einer Stelle: Der Gerechte wirkt alles, was die Gerechtigkeit wirkt, und das ist wahr, spricht er, da der Gerechte eingeboren von der Gerechtigkeit ist, wie geschrieben steht: „Was vom Fleisch geboren ist, das ist Fleisch, und was geboren ist vom Geiste, das ist Geist."[25] Und das ist allein wahr, sagt er, in Christus, und an keinem anderen Menschen, denn er hat kein anderes Wesen als das Wesen des Vaters noch einen anderen Erzeuger als den himmlischen Vater; und darum wirkt er alles, was der Vater wirkt. In allen anderen Menschen aber (sagt M. Eckhart) trifft das zu, daß wir minder oder mehr mit ihm wirken, je nachdem wir mehr oder minder von ihm geboren seien. Und diese Rede unterweist dich eigentlich in der Wahrheit.

---

[25] Joh. 3, 6.

Das Wilde sprach: Seine Rede sagt klar, daß alles, was Christo gegeben sei, auch mir gegeben sei.

Der Jünger: Das All, das Christo gegeben ist, das ist vollkommener Besitz der wesentlichen Seligkeit, wie er selber sagte: „Omnia dedit mihi pater, der Vater hat mir alles gegeben"[26], und dasselbe All hat er uns allen gegeben, aber in ungleicher Weise. Denn er sagt an vielen Stellen, daß er das All mit der Fleischwerdung hat, wir aber mit der gottförmigen Vereinigung. Und darum hat er es um soviel edler, je edler er dafür empfänglich war.

Das Wilde aber wandte ein und meinte, daß (Eckhart) alle Gleichheit und Vereinigung leugne und uns bloß und entgleichet in die bloße Einheit setze.

Der Jünger antwortete und sprach: Dir gebricht ohne Zweifel, daß dir der Unterschied nicht einleuchtet, von dem oben geredet ist, wie ein Mensch in Christus eins werden und doch gesondert bleiben soll und wie er vereint ist und sich unvereint als Eins faßt. Wesentliches Licht hat dir noch nicht geleuchtet, denn wesentliches Licht duldet nur Ordnung und Unterschied, und lehnt jede Weise ausbrüchiger Mannigfaltigkeit ab. Dein scharfes Aufmerken herrscht mit dem herrlichen Lichte der Natur in raschem Verstand, das da oft dem Lichte der göttlichen Wahrheit gleich leuchtet.

---

[26] Joh. 13, 3.

Das Wilde schwieg und bat ihn mit ergebener Untertänigkeit, daß er noch weiter den nützlichen Unterschied behandle.

Er antwortete und sprach: Der größte Fehler, der dich und deinesgleichen irreführt, liegt darin, daß es euch an guter Unterscheidung vernünftiger Wahrheit fehlt. Und darum, wer sein Höchstes erreichen und nicht in diese Fehler verfallen will, der soll in dieser verborgenen Lehre fleißig sein, so kommt er ungehindert zu einem seligen Leben.

7. Kapitel.

Wie edel sich ein recht gelassener Mensch in allen Dingen verhält.

DANACH wandte sich der Jünger mit Ernst wieder zu der Ewigen Wahrheit und begehrte einigen Unterschied in den Merkmalen des äußeren Bildes eines Menschen, der sich wahrhaft gelassen hätte, und fragte also: Ewige Wahrheit, wie verhält sich ein solcher Mensch in den Umständen eines jeglichen Dinges?

Antwort: Er entsinkt sich selbst und mit ihm allen Dingen.

Eine Frage: Wie verhält er sich zu der Zeit?

Antwort: Er steht in einem gegenwärtigen Nu ohne einen ihn (ans Irdische) fesselnden Vorsatz, und nimmt seinen Vorteil wahr im geringsten wie im größten.

Eine Frage: Paulus sagt, daß dem Gerechten kein Gesetz gegeben ist.[27]

Antwort: Ein gerechter Mensch verhält sich nach seiner Gewordenheit unterwürfiger als andere Menschen, denn er versteht von Grund aus von innen, was von außen einem jeden geziemt und faßt alle Dinge so; aber daß er nichts Gezwungenes dabei hat, das kommt daher,

---

[27] 1. Tim. 1, 9.

weil er dasselbe aus Gelassenheit wirkt, was die Menge aus Gezwungenheit wirkt.

Eine Frage: Wer in diese innige Gelassenheit übersetzt ist, ist der nicht aller äußeren Übungen entledigt?

Antwort: Man sieht wenige Menschen mit unverzehrten Kräften zu dem gelangen, davon du sprichst, denn die Trennung vom Irdischen sucht das innerste Mark derer heim, denen sie in Wahrheit zuteil wird. Und darum, wenn sie dann erkennen, was zu tun und zu lassen ist, so bleiben sie bei den gewohnten Übungen, mehr oder minder, je nach ihrem Vermögen oder nach anderen Umständen.

Eine Frage: Woher kommt etlicher gutscheinender Menschen große Bedrängnis und übermäßige Enge des Gewissens, und hinwiederum etlicher anderer Menschen ungeordnete Weite!

Antwort: Sie zielen beide noch auf ihr eigenes Ich, aber verschiedenartig, die ersten geistig, die anderen leiblich.

Eine Frage: Geht ein solcher (gelassener) Mensch allezeit müßig oder was ist sein Tun?

Antwort: Eines wohlgelassenen Menschen Tun ist sein Lassen, und sein Werk ist sein Müßig-Bleiben, denn seines Tuns bleibt er ruhig und seines Werkes bleibt er müßig.

Eine Frage: Wie verhält er sich gegen seinen Nächsten?

Antwort: Er hat in rechter Freiheit Gemeinschaft mit den Leuten ohne besondere Bevorzugung und Liebe ohne Vorliebe und Mitleid ohne Sorge.

Eine Frage: Ist ein solcher Mensch verpflichtet zu beichten?

Antwort: Die Beichte, die aus Liebe geschieht, die ist edler, als die aus Verpflichtung kommt.

Eine Frage: Wie ist eines solchen Menschen Beten gestaltet, hat er auch zu beten?

Antwort: Sein Gebet ist fruchtbar, denn er nimmt eine Einziehung der Sinne vor (denn Gott ist ein Geist), und er sieht zu, ob irgend etwas Ablenkendes ihm anhafte, oder ob er sich irgendwie selbst leite in einem Vorgreifen des eigenen Ichs. Und dann wird ein Licht in der obersten Kraft erzeigt, das ihm beweist, daß Gott das Sein und Leben und Wirken in ihm ist und daß er nur ein Werkzeug dessen ist.

Eine Frage: Wie ist eines solchen edlen Menschen Essen und Trinken und Schlafen gestaltet?

Antwort: Dem äußeren und sinnlichen Teile nach ißt der äußere Mensch, aber im Hinblick auf das ewige Rückschauen des inneren Menschen auf Gott ißt er nicht, sonst würde er Speise und Ruhe wie das Vieh brauchen. Und also verhält er sich auch in anderen Dingen, die zum Menschen gehören.

Eine Frage: Wie ist sein äußerer Wandel beschaffen?

Antwort: Er hat nicht viel Weisen und Worte, und diese sind schlicht und einfältig; und er hat einen sittigen Wandel, derart daß die Dinge ohne ihn durch ihn hinfließen, und er ist ruhig in seinen Sinnen.

Eine Frage: Sind sie alle so?

Antwort: Mehr oder minder, je nach der Verschiedenheit dessen, was ihnen zufällt; aber der wesentliche Punkt bleibt immer gleich.

Eine Frage: Ist ein solcher Mensch zu einem ganzen Wissen der Wahrheit gekommen, oder bleibt in ihm noch Dünken und Wähnen?

Antwort: Soweit der Mensch sich selber bleibt, bleibt ihm auch das Dünken und Wähnen; aber soweit er sich selber entgangen ist in das, das da ist, hat er ein Wissen aller Wahrheit, denn es ist die Wahrheit selbst, und der Mensch steht darin, sich selbst entnommen.

Und hiermit sei dir genug gesagt; man kommt dahin nicht mit Fragen, sondern mit rechter Gelassenheit kommt man zu dieser verborgenen Wahrheit.

Amen.

Zu dieser Ausgabe.

Der Text dieses Buches wurde entnommen aus:

Heinrich Seuses Deutsche Schriften. Übertragen und eingeleitet von Walter Lehmann. 2. Bde. Jena 1922.

Für diese Ausgabe wurde der Text insgesamt durchgesehen und schonend überarbeitet.